Armin Täubner

Schneefreuden

weihnachtliche Fensterbilder kinderleicht

Frech-Verlag Stuttgart

Weihnachtsmann mit Esel

Abbildung siehe Umschlag-Rückseite
Zeichnungen auf Seite 48

1. Weihnachtsmann: Der rote Mantel hat am Kopf eine Aussparung, in die das rosa Gesicht (punktierte Linie) paßt. Schneide das Haar-Bartteil doppelt aus und klebe es von vorne und von hinten am Kopf fest. Male die Schuhe mit Filzstift schwarz an. Auf Vorder- und Rückseite klebst Du nun die Arme an. Vergiß den Stock nicht.

2. Esel: Male mit schwarzem Filzstift Mähne, Schwanzspitze und Hufe an. Augen, Nasenlöcher (Nüstern) und Zaumzeug werden aufgemalt. Auf der Vorder- und Rückseite klebst Du jeweils die Satteldecke und einen Sack an.

3. Der Weihnachtsmann und sein Esel werden auf die Schneefläche geklebt.

Auflage: 5. 4. 3. | Letzte Zahlen
Jahr: 1995 94 93 92 91 | maßgebend

frech-verlag

ISBN 3-7724-1470-X · Best.-Nr. 1470 GmbH+Co. Druck KG Stuttgart · Druck: Frech, Stuttgart 31

Wenn der erste Schnee fällt, ist Weihnachten nicht mehr weit. Und mit der weißen Pracht beginnt eine Zeit, in der tolle Spiele und Unternehmungen möglich sind.

Wer gewinnt die erste heiße Schneeballschlacht? Wo findet sich dieses Jahr die beste Abfahrt für Ski und Schlitten? Und der Schneemann vor dem Haus ist sicher der größte weit und breit.

Mit den Fensterbildern dieses Buches könnt Ihr Euch den Schnee ins Zimmer holen, auch wenn dieses Jahr Frau Holle Ihre Arbeit nicht so erledigt, wie Ihr es Euch wünscht: viel Schnee aus ihren Betten zu schütteln.

Wir kommen ohne Rute

1. Klebe auf den roten Mantel alle weißen Teile (gestrichelte Linien).

2. Anschließend werden Gesicht, Sack und eine Hand befestigt.

3. Mit Filzstift malst Du zum Schluß noch Nase und Augen auf den rosa Gesichtsausschnitt.

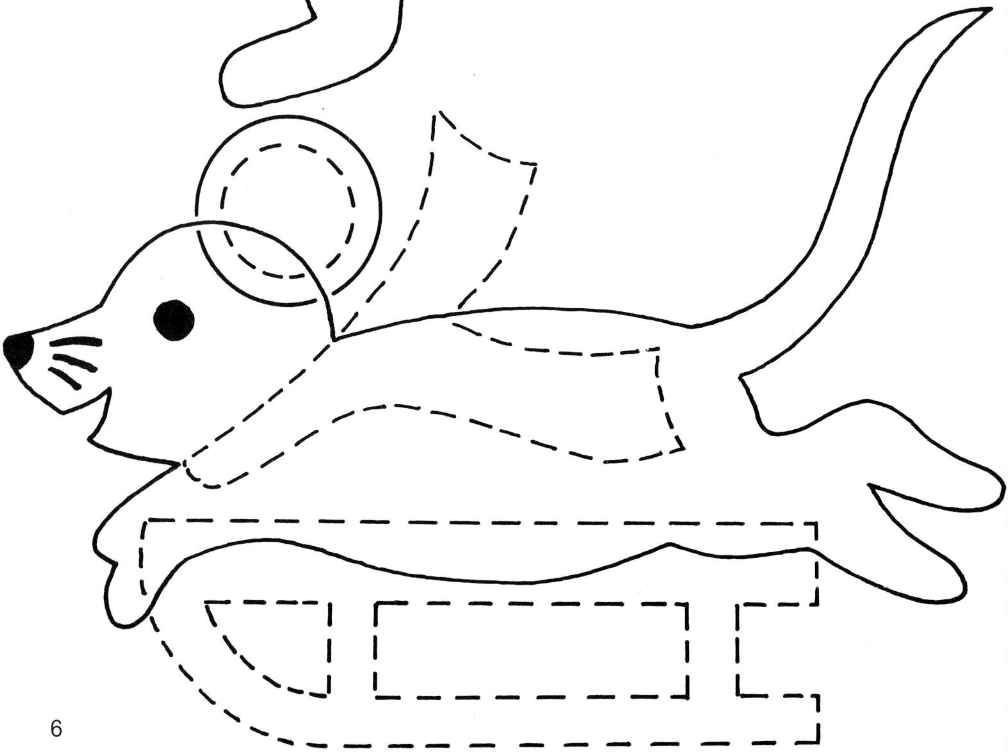

Eine rasende Fahrt

1. Schneide die Körper der Mäuschen aus grauem Karton aus.

2. Die Mäuseohren bestehen jeweils aus einem großen, grauen und einem kleinen, weißen Kartonpunkt.

3. Klebe die Ohren leicht versetzt auf beiden Seiten des Kopfes an.

4. Der Schal wird ebenfalls auf Vorder- und Rückseite angebracht.

5. Den Schlitten ausschneiden.

6. Setze oder lege die Maus auf den Schlitten.

7. Mit einem schwarzen Filzstift malst Du noch Augen, Nase und Barthaare auf.

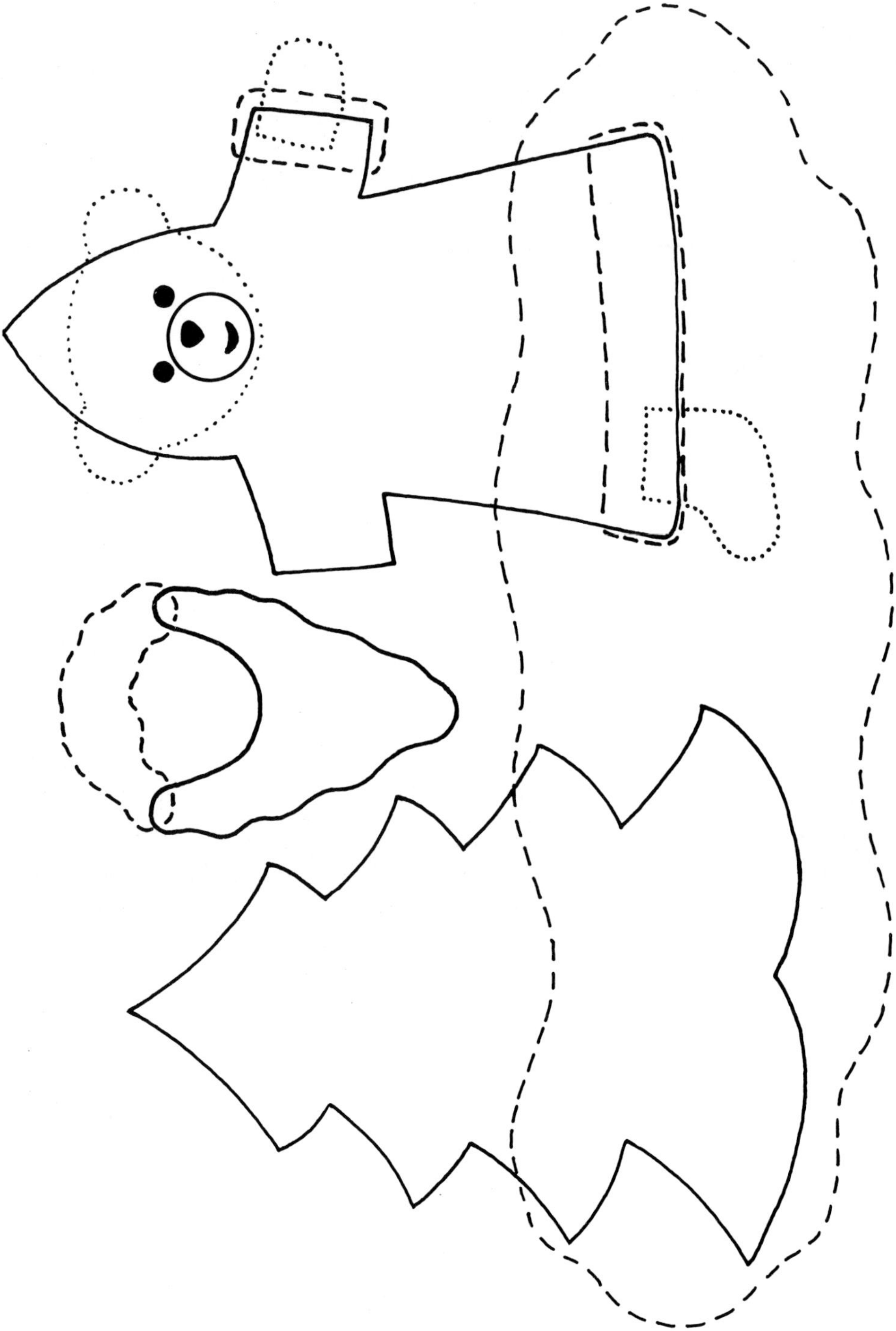

Bärenweihnacht

1. Auf den roten Mantel klebst Du zuerst die braunen Teile (Kopf und Tatzen).

2. Als nächstes werden Schnauze, Bart und Haare angeklebt. Dazu kommen noch die weißen Mantelsäume.

3. Klebe den Weihnachtsbären zwischen zwei Tannen auf die Schneefläche.

Dies ist eine Abwandlung der Bären-weihnacht. Wenn Dir das Bärenmotiv gefällt, kannst Du gleich beide Bilder an Dein Fenster hängen.

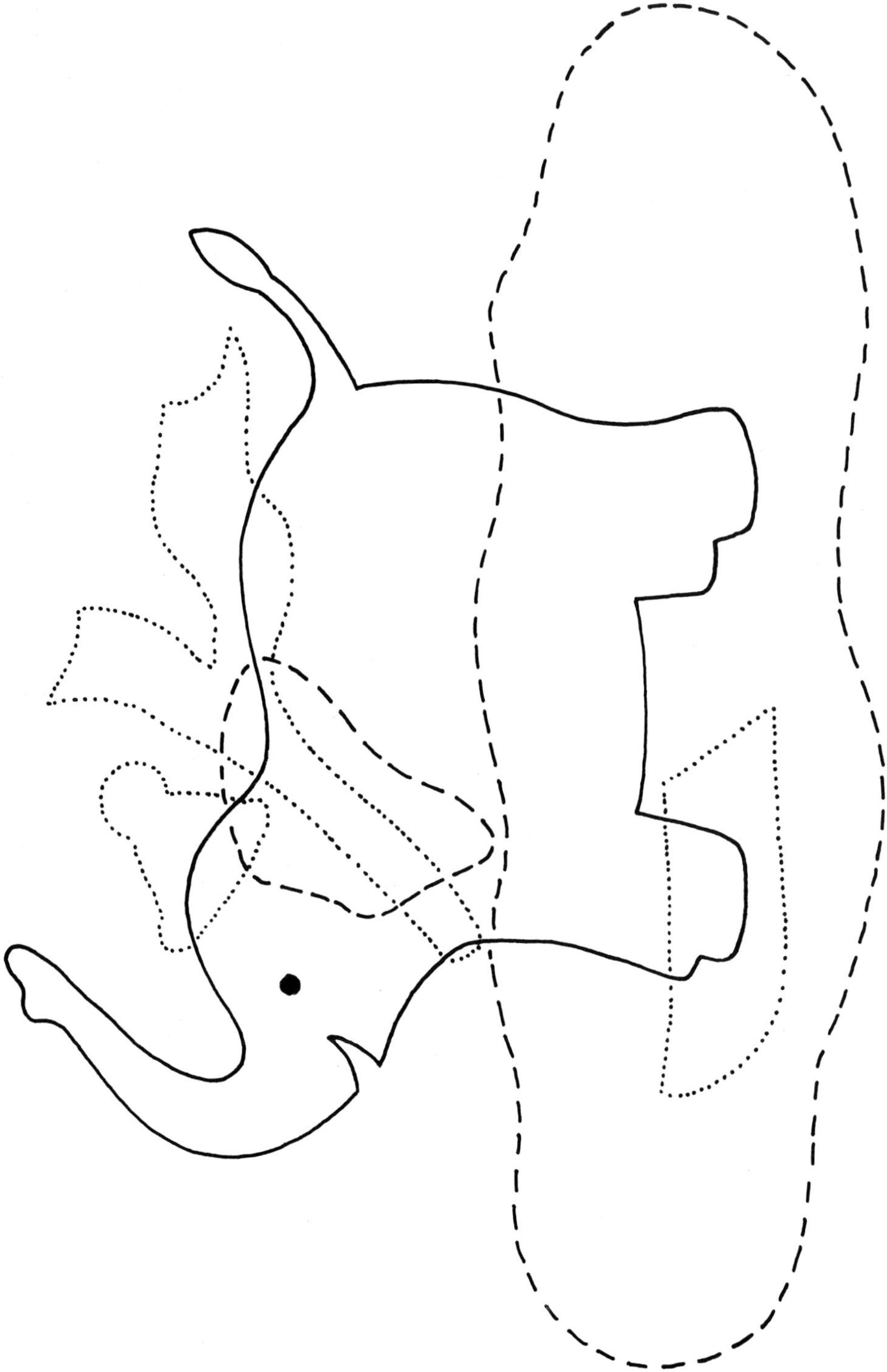

Ein irrer Spaß

1. Schneide Mütze, Schal und Elefantenohren jeweils doppelt aus.

2. An Kopf und Hals des Elefanten klebst Du zuerst die Mütze und den Schal und anschließend das Ohr an.

3. Von hinten werden nun die Skier an den Elefantenfüßen angeklebt.

4. Klebe den Elefanten auf die Schneefläche.

5. Drehe das Fensterbild um und klebe auch auf der Rückseite Mütze, Schal und Ohr an.

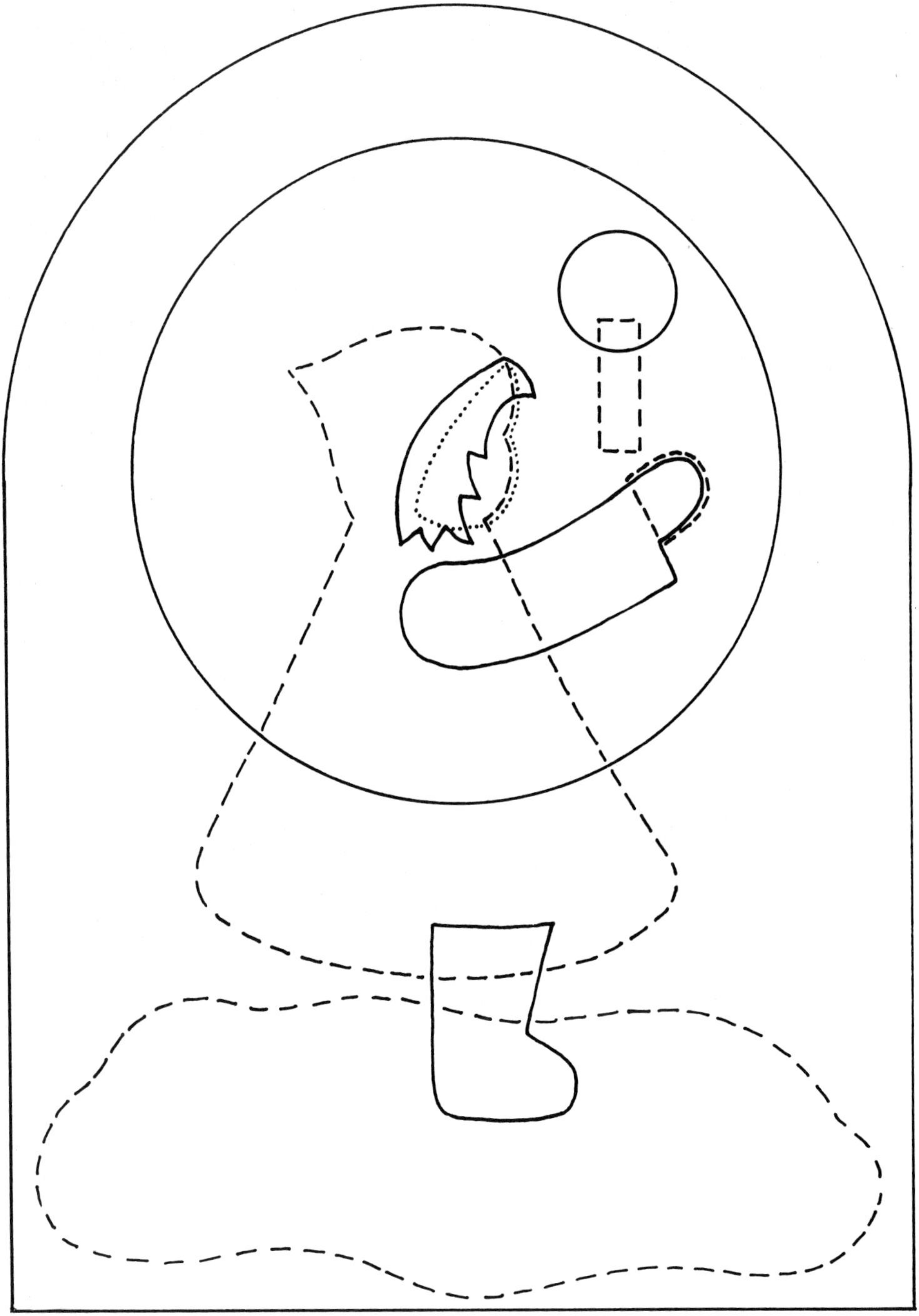

Licht in der Winternacht

1. Klebe am Mantel das Gesicht (punktierte Linie) und die Haare (durchgezogene Linie) an.

2. Von hinten werden die beiden Stiefel angebracht.

3. Klebe die Kerze auf den Kerzenschein. Mit Filzstift malst Du die Flamme und den Docht auf.

4. Die Kerze wird von hinten an der Kinderhand befestigt.

5. Den Arm anbringen.

6. Am blauen Rahmen klebst Du die Schneefläche (gestrichelte Linie) und schließlich das Mädchen mit der Kerze fest.

7. Den Rahmen kannst Du noch mit Schneeflocken verzieren.

Lichter am Baum

1. Fertige von allen vier Teilen Schablonen an. Übertrage die Umrisse mit Bleistift auf den farbigen Karton und schneide dann die Teile mit der Schere aus.

2. Damit die Kerzen alle senkrecht auf den Tannenzweigen stehen, legst Du die Tanne zum Aufkleben der Kerzen auf kariertes Papier. An den senkrechten Linien kann man die Stellung der Kerzen kontrollieren.

3. Male mit einem gelben Filzstift Sterne auf die weißen Kartonpunkte.

Schön kalt ist es hier

1. Beide Pinguine sind bis auf die Schnäbel gleich.

2. Wenn Du den weißen Rumpf (durchgezogene Linie) ausgeschnitten hast, malst Du mit einem orangefarbenen Filzstift den Schnabel und den Fuß an.

3. Klebe nun das schwarze Kopf- und Rückenteil (punktierte Linie) an.

4. Es folgt der Flügel.

5. Das Auge stanzt Du mit einem Locher aus weißem Papier aus und malst mit Filzstift einen schwarzen Punkt in die Mitte.

6. Die Rückseite des Pinguins wird genauso gearbeitet.

7. Klebe beide Pinguine auf die Eisscholle.

Weihnachtsbaum

1. Den Baum mußt Du einmal, den Ständer (gestrichelte Linie) zweimal ausschneiden.

2. Klebe den Ständer auf Vorder- und Rückseite an den Baum.

3. An jede Kerze klebst Du den runden Kerzenschein.

4. Die Flamme wird mit einem gelben Filzstift aufgemalt.

5. Die Kerzen kannst Du so auf dem Baum verteilen, wie es Dir am besten gefällt.

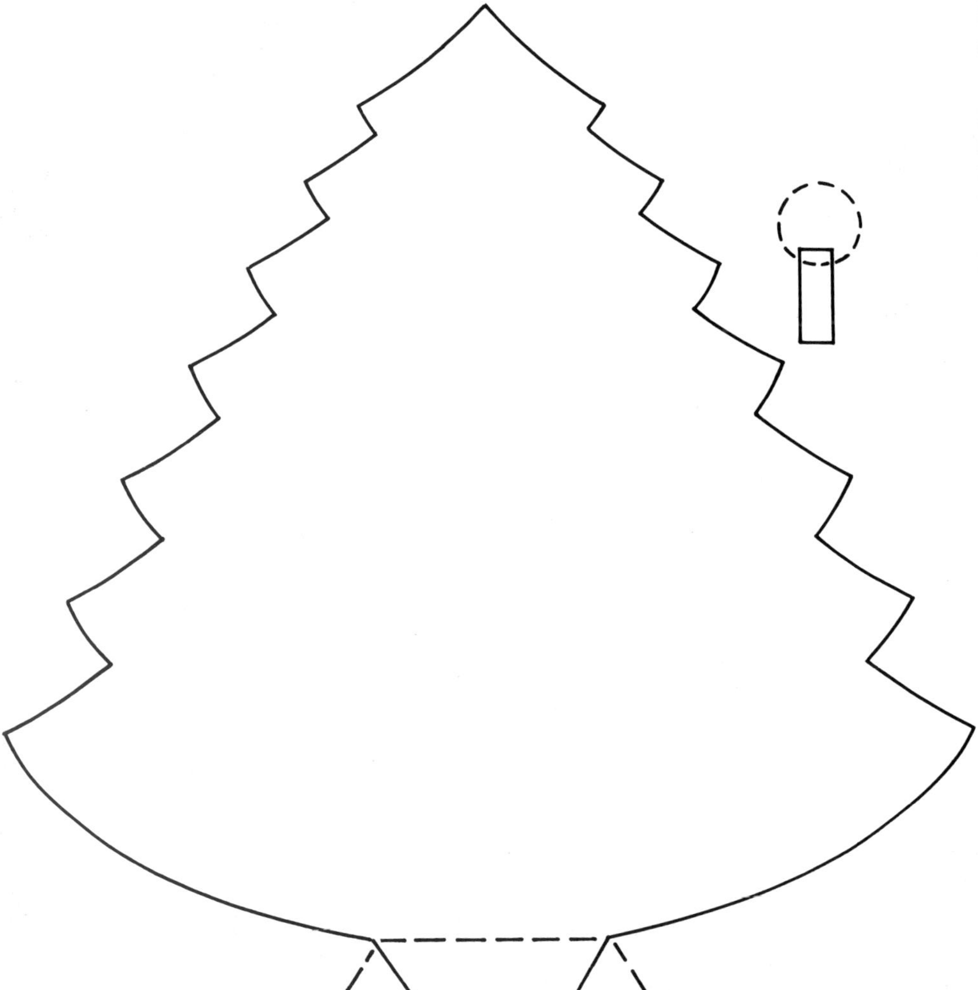

Jesus ist geboren

1. Zuerst schneidest Du aus rotem Karton Maria aus (durchgezogene Linie). Ihre Schuhe malst Du mit Filzstift schwarz an.

2. Nun wird der Kopf (punktierte Linie) und das Haar (gestrichelte Linie) angeklebt. Von hinten befestigst Du den Heiligenschein (Radius 2,5 cm).

3. Auf das Bündel (gestrichelte Linie) wird zuerst die Decke (durchgezogene Linie) geklebt. Anschließend bringst Du den Heiligenschein (Radius 1,5 cm) und den Kopf (punktierte Linie) an.

4. Das Christkind klebst Du auf Marias Körper. Jetzt können auch Marias Hände befestigt werden.

5. Maria und Jesus werden zum Schluß aufgeklebt.

St. Nikolaus kommt

1. Fertige von allen Teilen Schablonen an.

2. Übertrage die Umrisse auf Tonkarton und schneide die Teile aus.

3. Auf dem Rahmen wird die Wolke befestigt und darauf St. Nikolaus geklebt.

4. Mit einem gelben Filzstift kann jetzt die Mütze und das Gewand verziert werden.

5. Klebe nun das Haar-Bartteil (punktierte Linie) und das Gesicht (durchgezogene Linie) auf. Abschließend werden die Hände (durchgezogene Linie) und der Stab, den Du ebenfalls gelb anmalst, befestigt.

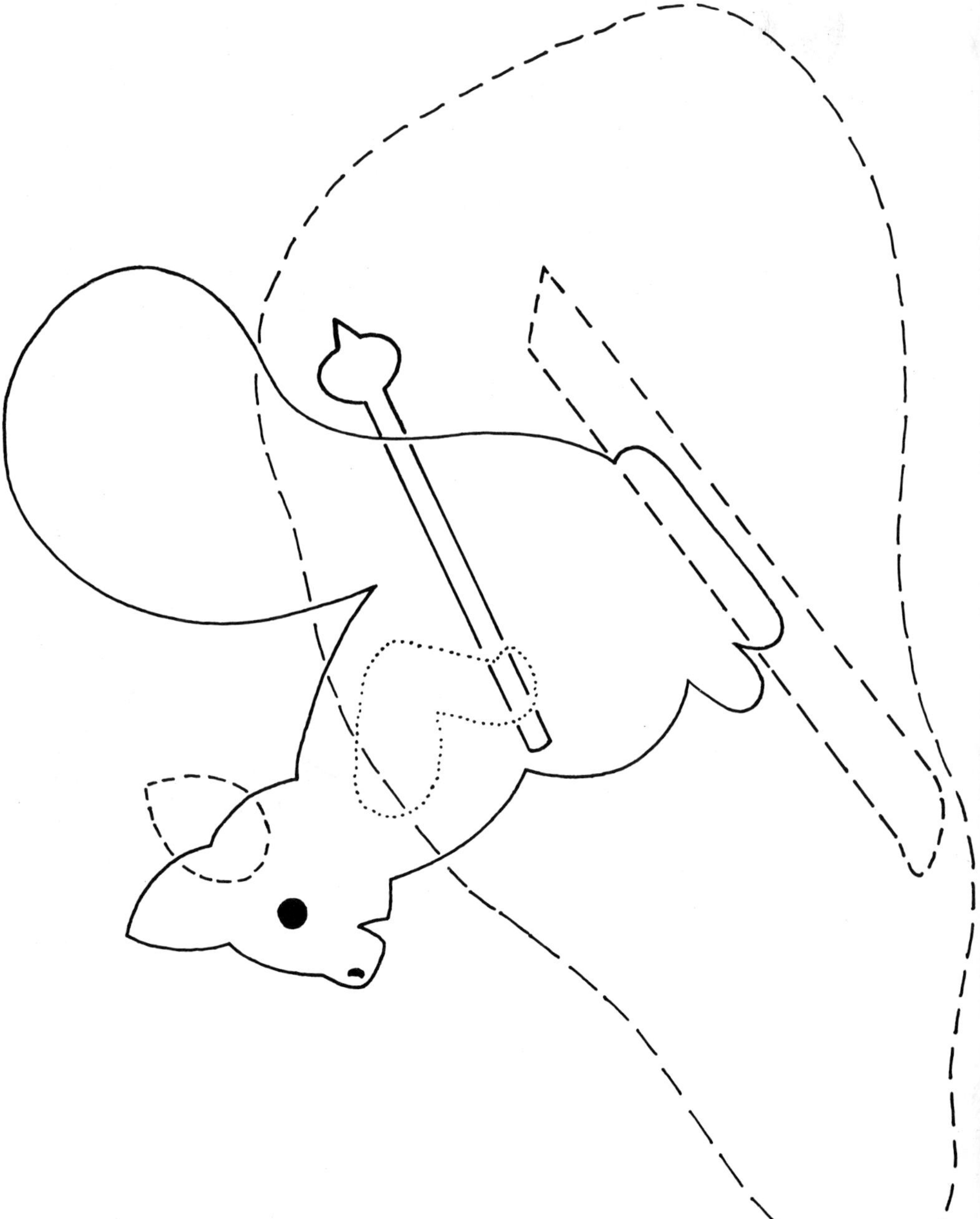

Platz da, ich komme

1. Das Eichhörnchen aus braunem Karton ausschneiden.
2. Klebe am Eichhörnchenkopf das Ohr und am Rumpf das Vorderbein fest.
3. Der Skistock wird unter der Pfote befestigt.
4. Von hinten klebst Du die beiden Skier an den Hinterbeinen an.
5. Klebe das Eichhörnchen auf die Schneefläche.

Hier kommen die Geschenke

1. Beim Herstellen der Sternschablone solltest Du den Zirkel für den Kreisausschnitt und ein Lineal für die Zacken verwenden.

2. Klebe auf den Wichtelkörper zuerst das weiße Haar-Bartteil und darauf das Gesicht. Augen und Nase werden mit Filzstift aufgemalt.

3. Der Wichtel wird samt Geschenkesack am Stern befestigt.

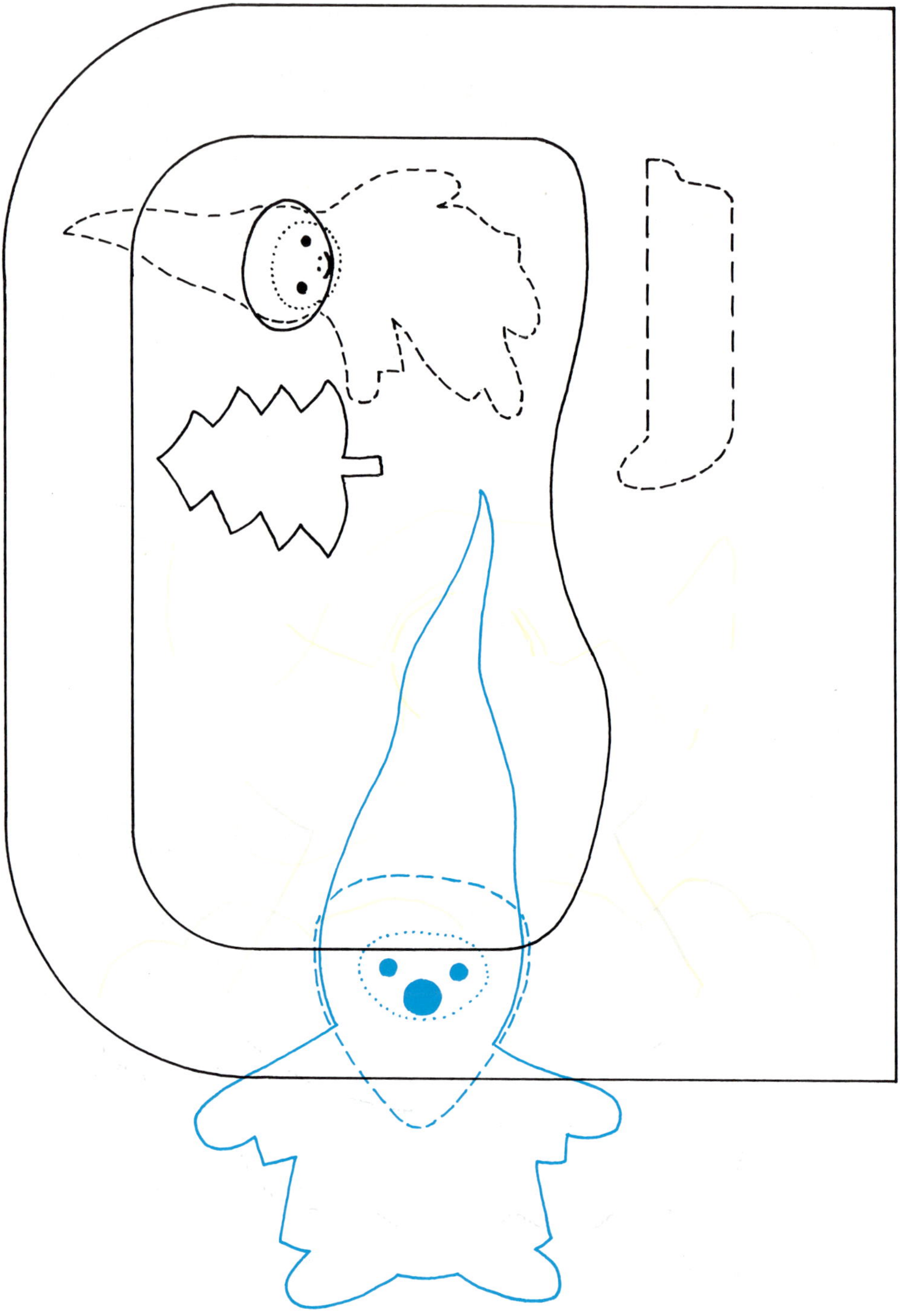

Auch wir feiern Weihnachten

1. Der große Wichtel wird so gearbeitet wie auf Seite 28 beschrieben.

2. Klebe auf den Kopf des kleinen Wichtels zuerst das weiße Haarteil und darauf das Gesicht.

3. Setze den kleinen Wichtel auf den Schlitten und gib ihm die Tanne in die Hand.

4. Die beiden Wichtel werden auf den weißen Rahmen geklebt. Mit einer dünnen Schnur wird der Schlitten mit der linken Hand des großen Wichtels verbunden.

Engel mit goldenem Haar

1. Am blonden Haar (punktierte Linie) wird von hinten das runde Gesicht angeklebt.
2. Nun wird der Kopf am Engelskörper (gestrichelte Linie) befestigt.
3. Schneide eine blaue Kartonscheibe mit einem Radius von 7 cm aus.
4. Klebe die hellblaue Wolke und den Engel auf.

Freut Ihr Euch?

1. Befestige die weißen Teile am Weihnachtsmann und male das Gesicht auf.

2. Schneide aus blauem Karton eine runde Scheibe mit einem Radius von 7 cm aus.

3. Auf der runden Kartonscheibe wird die Schneefläche (gestrichelte Linie) befestigt.

4. Jetzt wird der Weihnachtsmann aufgeklebt.

5. Zusätzlich können noch Schneeflocken oder Sterne aufgeklebt werden.

Schwebender Engel

1. Den weißen Engelskörper (gestrichelte Linie), die Hände, den Kopf und die Haare mußt Du doppelt ausschneiden. Das Flügelpaar und die Wolke werden nur einmal benötigt.
2. Klebe das Flügelpaar zwischen die beiden weißen Engelskörper.
3. Der Kopf, die Hände und das Haar werden auf Vorder- und Rückseite des Engelskörpers angeklebt.
4. Hänge den Engel in den runden Ausschnitt der Wolke.

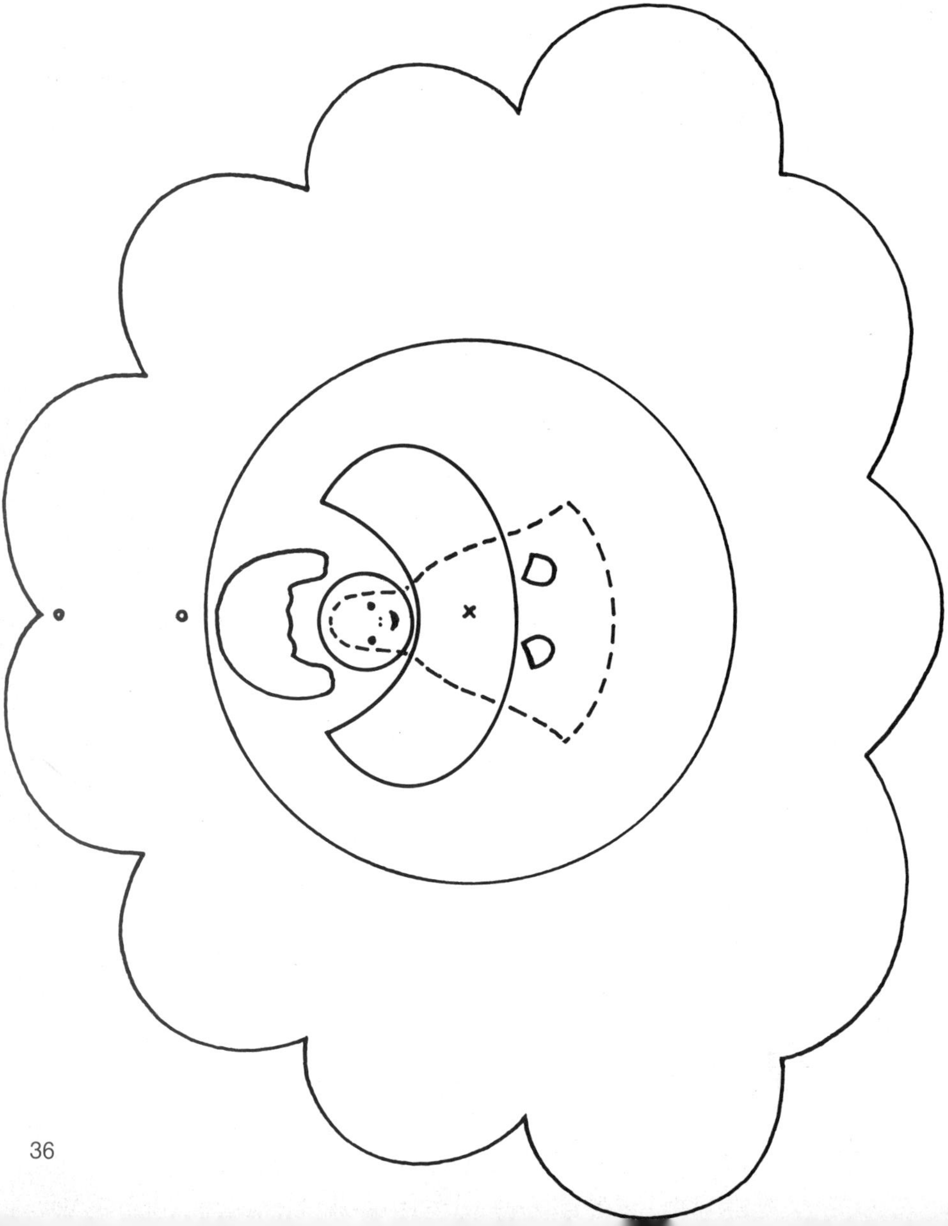

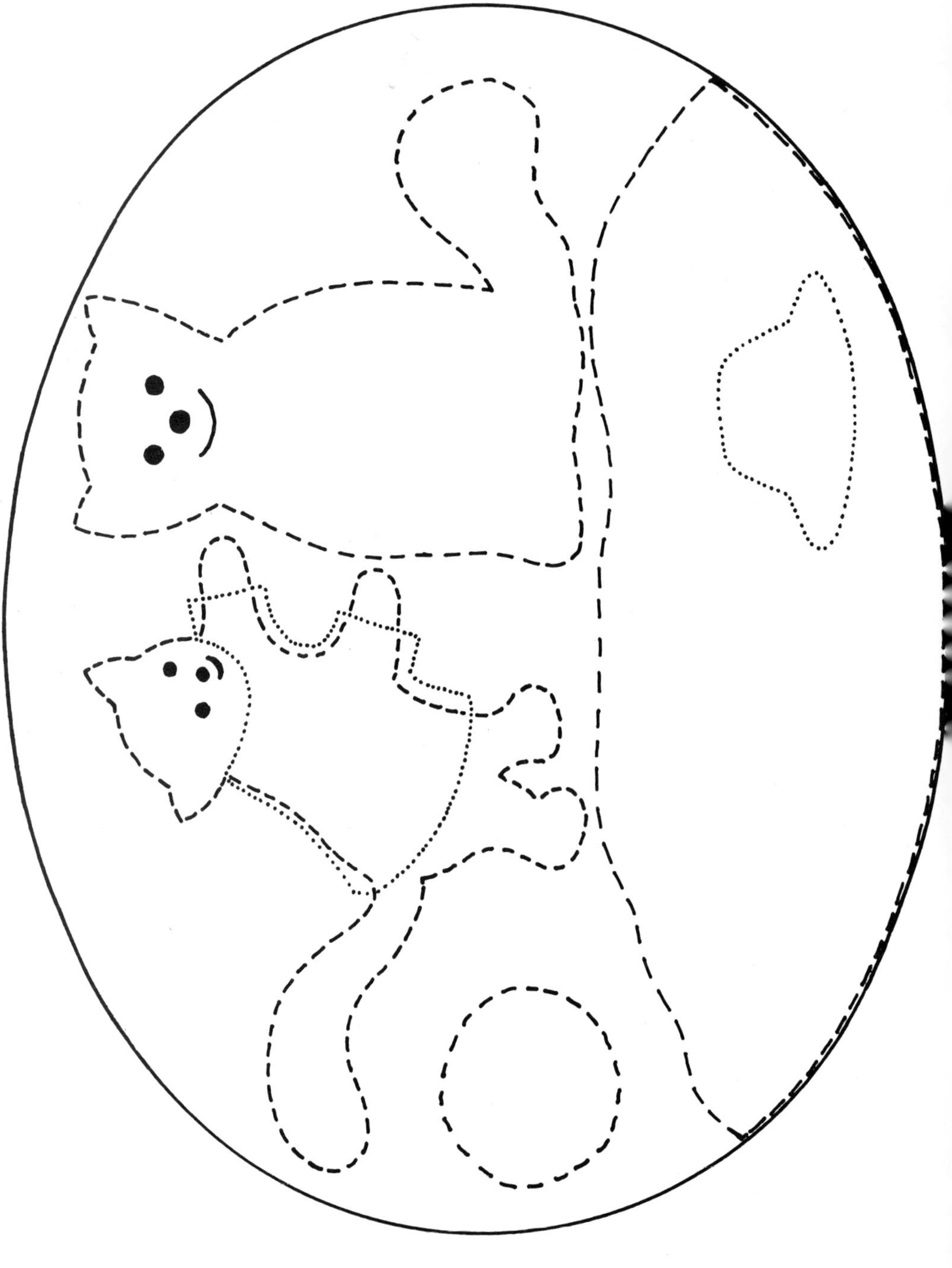

Endlich fertig: meine Schneeschwester

1. Schneide aus weißem Karton die Katze, die Schneekatze, die Schneefläche und die Schneekugel aus.

2. Auf den blauen Untergrund klebst Du zuerst die Schneefläche.

3. Den roten Pullover auf das Kätzchen kleben.

4. Nun wird zuerst die Katze befestigt, dann die übrigen Teile anbringen.

5. Mit einem schwarzen Filzstift malst Du die Katzengesichter und die Kohlen im Schnee auf.

Ich hab's geschafft

1. Den Eichhörnchenkörper ausschneiden.
2. Von hinten werden an den Hinterbeinen die Skier befestigt.
3. Klebe das Eichhörnchen auf die Schneefläche.

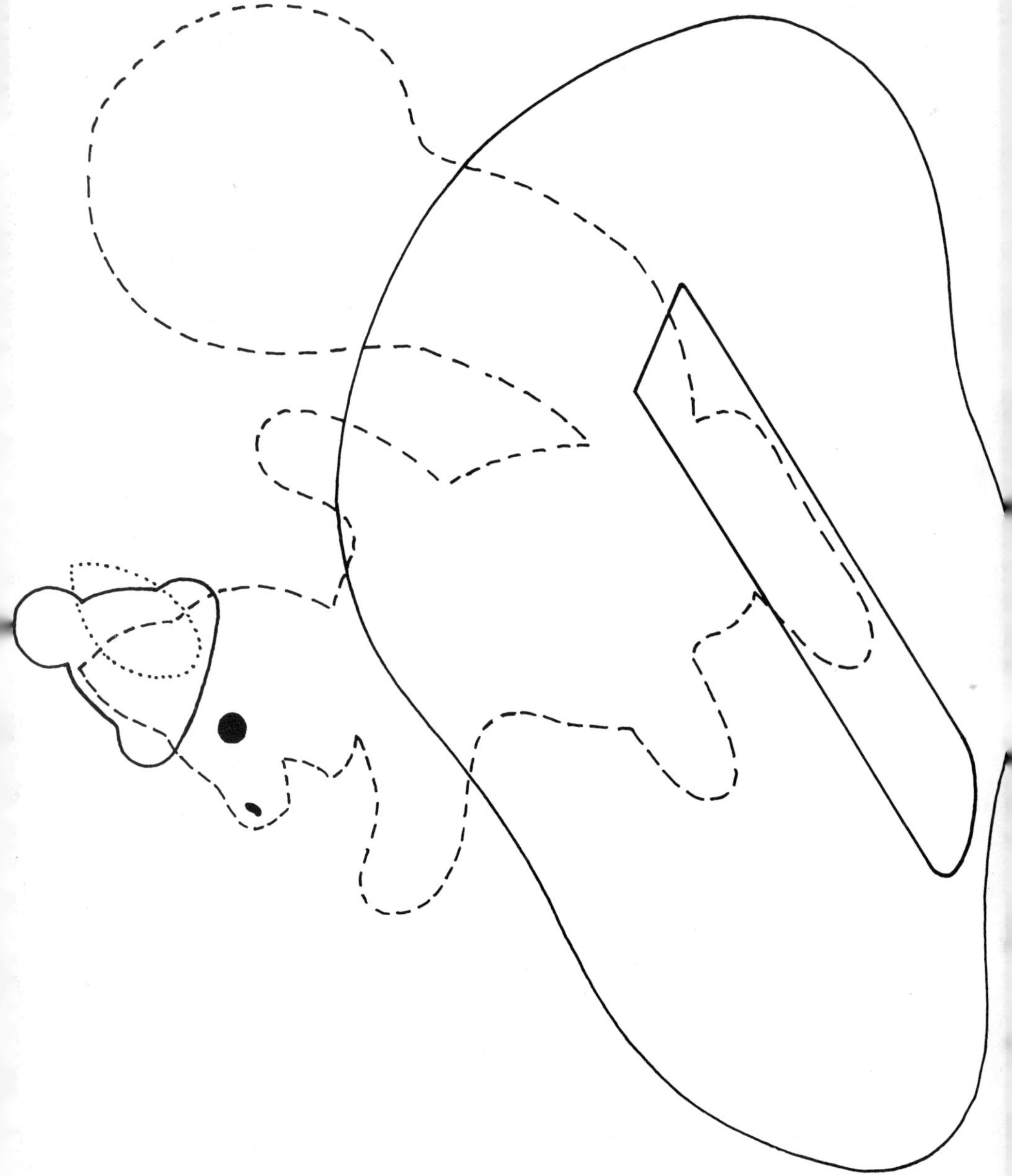

Hast Du schon gehört?

1. Die Füchse und die Vögel aus Tonkarton ausschneiden.

2. Beide Füchse erhalten ein weißes Innenohr (punktierte Linie).

3. Aus weißem Karton die verschneiten Tannen ausschneiden.

4. Klebe die Füchse vor die Tannen und setze mehrere Vögel auf die Tannenzweige.

Weihnachtslicht

1. Bis auf die Tannenzweige und den Kerzenschein werden alle Teile zweimal benötigt.

2. Klebe an die Kerze von hinten Halter und Kerzenschein fest. Von vorne wird die Flamme angeklebt.

3. Die Kerze wird nun an den Zweigen befestigt.

4. Drehe das Fensterbild um. Klebe den zweiten Kerzenhalter, die Kerze und die Flamme auf.

5. Jeweils zwei Sterne werden auf die Vorder- und die Rückseite der Zweige geklebt.

6. Hänge zwei Sterne mit einem dünnen Faden an die Zweige.

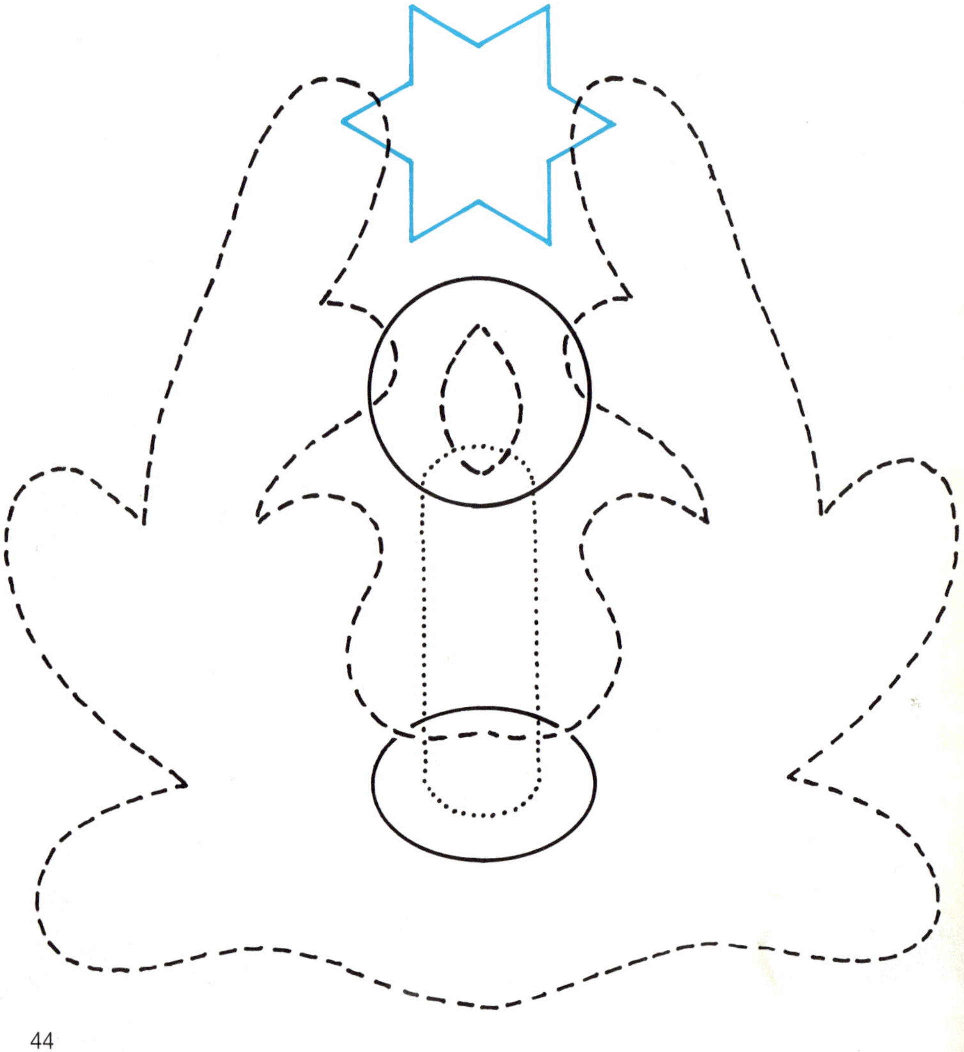

Huch, wo ist meine Mütze?

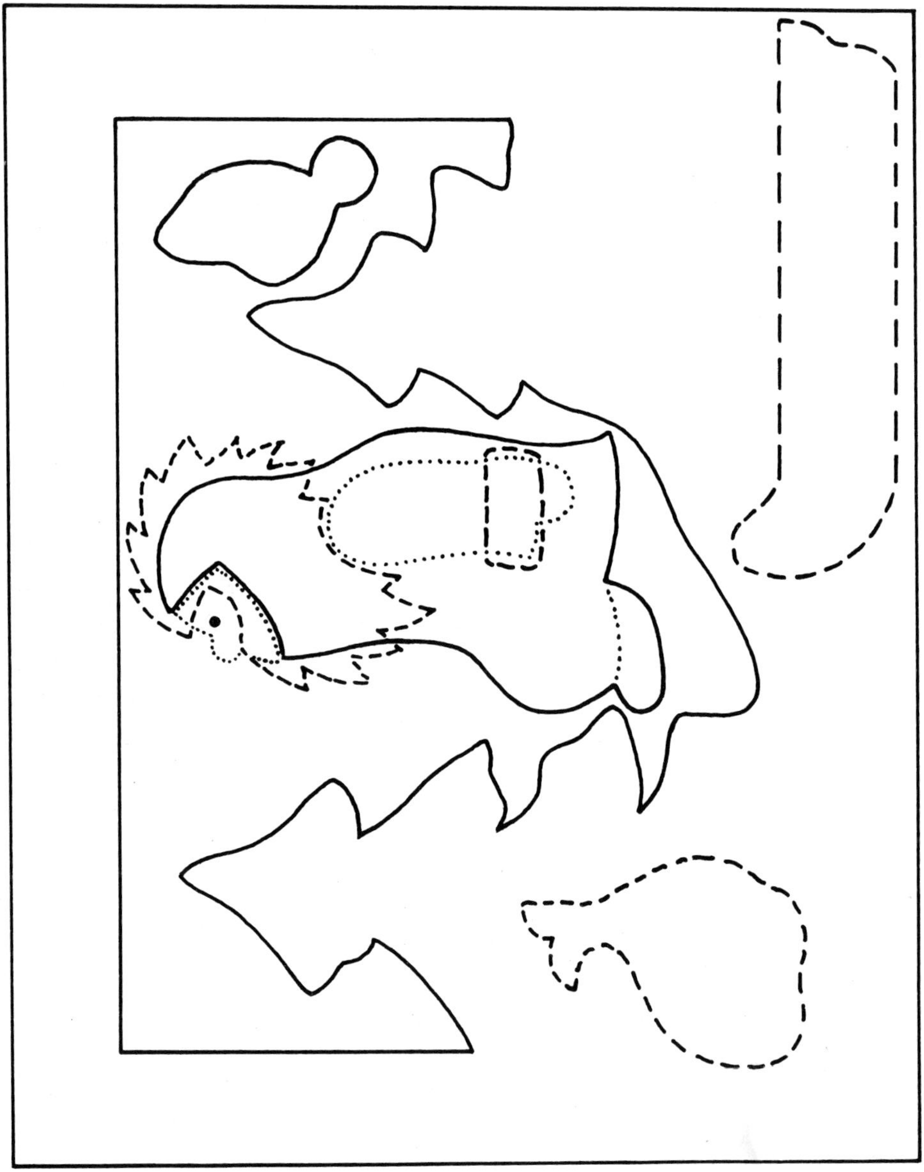

1. Der rote Körper des Weihnachtsmannes (durchgezogene Linie) hat am Kopf einen Einschnitt, in den das rosa Gesicht (punktierte Linie) gelegt wird.

2. Das Haar-Bartteil mußt Du doppelt ausschneiden und von beiden Seiten an den Kopf kleben.

3. Mit einem schwarzen Filzstift malst Du den Schuh schwarz an.

4. Klebe den Weihnachtsmann und den Sack auf den Schlitten.

5. Nun kann der Arm mit der Ärmelstulpe angeklebt werden.

6. Abschließend werden der Weihnachtsmann und seine verlorengegangene Mütze auf das Fensterbild geklebt.